토토로가 태어난 곳

미야자키 하야오 감수
스튜디오 지브리 편집

대원앤북

좌우 모두 토토로의 이미지보드. 버스 정거장에서 아빠를 기다리던 여자아이가 토토로를 만나는 장면이다. 그러다 고양이 버스 및 신비로운 생물들과 조우하게 된다. 하단에 적힌 1975년이라는 연도를 통해 구상 초기 단계임을 짐작케 한다.

들어가며

30년이 지난 뒤에 '아 그랬구나.' 하고 깨닫게 되는 일이 있다. 작년(2017년)의 일이었다. 장마가 그친 틈에,

"토토로가 태어난 곳으로 안내하고 싶다."

라고 미야 씨(미야자키 하야오)가 말을 꺼냈다. 몇 번이나 들어왔던 얘기였다. 미야 씨가 일요일마다 쓰레기를 주우러 가는 심연의 숲(淵の森)에 관한 이야기. 그리고 신의 산(かみの山)은 멋지다는 이야기. 그런데 사연을 들으니, 이대로 있으면 신의 산 개발이 시작된다고 했다. 그걸 어떻게든 막고 싶다는 얘기였다.

그렇게 설명을 하다가, 그것만으로는 성에 안 차는지, 나에게 안내를 해주겠다는 말이 나온 것이었다.

백문은 불여일견.

미야 씨는 원래 도쿄 한가운데서 태어난 '도시 사람'이다. 그런데 결혼을 계기로 토코로자와(所沢)에 정착하게 된다. 지금으로부터 50년 정도 전의 얘기다. 그리고 집 주변을 산책하다가 떠오른 것이 바로 〈이웃집 토토로〉였다. 그 증거로 초반에는 제목이 〈토코로자와의 이웃집 유령〉이었다. 그것이 줄어 〈이웃집 토토로〉가 되었다.

신아키츠 역(新秋津)에서 만나, 우선 신의 산으로 향했다. 세이부 선(西武線)을 따라 그 옆을 걸었다. 선로와 길 사이를 잡목림(雑木林)이 막아선다. 문득 내가 어디 있는지 알 수 없게 됐다. 동행하던 토코로자와 시의 주민 K 씨가 자랑스럽게 입을 열었다.

"주민들은 이 길을 카루이자와(軽井沢)라고 해요."

오버가 아니다. 아니, 그 이상이다.

막다른 곳에서 방향을 틀면 '심연의 숲'이 나온다. 미야 씨에게서 귀에 딱지가 앉도록 들었던 이름이라 친근감이 들었다. 그러고 나서 하치코쿠 산(八国山)으로 향했다. 영화 속에서는 시치쿠니 산(七国山)으로 소개된 곳이다.

마츠가오카(松が丘)를 오르자, 하치코쿠 산이 나왔다. 나는 거기서 신비로운 감각에 에워싸였다. 녹음의 아름다움에 현실감을 잃었다. 그곳은 마치 '신의 거처'와 같은 곳이었다. 그리고 문득 이런 생각이 들었다.

신의 산, 심연의 숲, 하치코쿠 산은 이미 미야 씨의 몸의 일부다. 그걸 잃는다는 건, 미야 씨에게는 말 그대로 신체의 일부를 잃는 일인 것이다. 산책 도중 미야 씨가 이렇게 말했다.

"토코로자와에 살지 않았다면 〈토토로〉는 태어나지 않았다."

나는 미야 씨에게 처음으로 경외심을 품게 되었다. 걷고 관찰하며 느껴왔을 그 감수성을.

스튜디오 지브리 **스즈키 토시오**

목차

신의 산 ······ 6

고향 스케치 일기
글·그림 미야자키 아케미

  봄 ······ 10
  여름 ······ 24
  가을 ······ 32
  겨울 ······ 44

하치코쿠 산 ······ 52
안내자 스즈키 토시오

토코로자와의 풍경 속에서 태어난 토토로의 세계 ······ 56
미야자키 하야오

미래에 남기고 싶은 고향 풍경~사야마 구릉~ ······ 76

토토로가 태어난 곳 MAP ······ 78

구 　성　미야자키 케이스케
디자인　코마츠 토시히로(하쿠호도DY미디어파트너즈)
프린팅　디렉션사노 마사유키(도서 인쇄)
협 　력　토코로자와 시(市), 히로세 킨야(히로세 스튜디오)
　　　　야부타 준지

신의 산

이곳은 토코로자와의 입구.
개발되지 않고 유일하게 손대지 않은 자연 그대로의 모습이 남아있습니다.

안내자 스즈키 토시오   촬영 이이 타츠오

세이부 이케부쿠로 선의 아키츠 역에서 토코로자와 역 사이의 풍경.
베드타운 사이에 갑자기 숲이 나타납니다.
개발이 진행되는 가운데 유일하게 남겨진 귀중한 이 삼림은
이 땅에서 생활하는 사람들을 따뜻하게 지켜주는 고향의 상징과도 같습니다.

삶 속에 녹아든
신의 산

세이부 이케부쿠로 선 선로를 따라 위치한 신의 산은 옛날에는 땔감이나 퇴비를 얻기 위한 삼림이었으며, 지역 주민들의 생활에 필요한 공간이었습니다. 현재는 생활양식의 변화로 인해 그런 용도로 사용되지 않지만, 지역 주민들에게는 일상의 한 부분인, 고향의 상징과도 같은 장소입니다.

신의 산 입구는 언뜻 보면 흔히 있는 포장된 좁은 길에 있지만, 그 안에 한 발 들어서면 완연히 다른 세상입니다.

졸참나무와 상수리나무가 높이 솟구쳐 있으며, 나무 사이로 새어 들어오는 햇빛과 함께 초록빛 터널을 지나가면 마을의 생활 소음이나 자동차 소음과 격리되고, 여기가 어디인지 알 수 없게 되면서 신비로운 감각에 에워싸입니다. 일상을 잊고 기분 전환을 할 수 있는 산책길로서 지역 주민들에게 사랑받는 이유를 알 수 있게 됩니다.

차밭 너머로 보이는 신의 산.
이 풍경은 이곳에서 생활하는 사람들에게 당연하고도 소중한 일상이다. 최근 이 근방에서는 개발이 진행되고 있으나 시 차원에서, 그리고 지역 주민들 사이에서 신의 산 보존에 힘쓰고 있다.

도심에서 토코로자와 역으로 향하는 차창으로 신의 산의 녹음을 보며 '돌아왔구나.' 하고 안도하는 사람들도 많을 것 같다. 카미야스마츠(上安松) 가까운 절벽에는, 1300~1400년 전 고분시대(古墳時代)에 만들어진 횡혈식 고분이 있으며, 태평양전쟁 때에는 병사들이 군복이나 가솔린 등의 군 비품을 숨겼다는 이야기도 있다.

고향 스케치 일기

그림·글 미야자키 아케미

토코로자와의 아름다운 자연을 계속 그리고 있는 미야자키 아케미 씨.
사계절의 들풀이나 나무들이 생생히 그려진 스케치 그림은
이 땅에 사는 주민이기에 가능한 따뜻한 시선으로 그려졌습니다.

봄

생물이
눈을 뜨는 봄의 삼림

콘센지(金仙寺)에서 히라(比良)로 이어지는 경사면에는 벚꽃, 홍도화, 개나리 등의 꽃이 한꺼번에 피어, 화려한 봄의 개막을 알립니다. 길가의 쇠뜨기를 따다가 저녁 찬거리로 삼는 것도 즐거움 중 하나입니다. (2017.3.31)

애기사초

겨울 동안 많은 풀들이 모습을 감추지만, 애기사초는 추위를 견디며 봄을 기다리고 있습니다.

외대바람꽃

개울의 잔잔한 흐름을 따라 형성된 하반림(河畔林). '피었을까?' 하는 궁금증과 함께 버스에서 내려 설레는 마음으로 걸어 도착했는데, 눈앞이 환해질 정도로 외대바람꽃이 피어있었습니다. 나무 밑동에 걸터앉아 집중해서 그리고 있자니, 엉덩이가 아파왔습니다…. (2015.4.17)

얼레지

자주괴불주머니

호제비꽃

이 삼림은 원래 조릿대나 상록수로 가득한 거친 숲이었는데. '토토로의 고향 기금' 자원봉사자 분들의 몇 년에 걸친 손길 덕분에 밝은 숲이 되고, 해마다 얼레지 꽃의 수도 늘었습니다. 스케치를 하고 있노라면, 꿩 소리가 들려 깜짝 놀라기도 합니다! (2015.3.24)

졸참나무의 싹

발밑을 보며 언덕길을 올라가고 있는데, 위쪽에서 뭔가가 반짝거렸습니다. 올려다 본 순간 '무슨 꽃이지?' 싶었는데, 졸참나무의 싹이었습니다. 싹 표면의 아기솜털 같은 잔잔한 털이 햇빛을 받아 하얗게 빛나고 있었습니다.

산벚나무

'사이타마 초록숲 박물관'에 가지치기용 가지들이 '자유롭게 가져가십시오'라는 문구가 적힌 물통에 담겨 있었기에 가져온 산벚나무입니다. 일주일쯤 지나자 꽃이 피었습니다.

토코로자와의 곳곳에 있는 차밭에서는 사야마 차(狭山茶)가 생산되고 있습니다. 이곳은 미카지마(三ヶ島)에 있는 '쿠로스케의 집' 뒤편의 차밭입니다. (2015.4.28)

신차(新茶)

소중히 기른 차는 입춘 이후 88일째가 되는 5월 초 즈음에 손으로 땁니다. 허리에 바구니를 낀 사람들이 위에서 세 잎을 땁니다. 사야마 차 산지에서는 가지 끝의 싹과 바로 아래 두 장의 어린 잎만을 따기 때문에 이걸 '밋파츠미(三葉摘み)'라고 합니다.

산철쭉

산철쭉을 처음 본 건, 하치코쿠 산에서였습니다. 어떻게 이렇게 예쁜 꽃이 있을까 싶었습니다. 그 무렵 하치코쿠 산은 전체가 삼림으로 덮여있었고, 남쪽 나무 너머로는 병원 지붕이 보이고, 북쪽으로는 산기슭에 논밭이 펼쳐져 있고, 작은 개울이 흐르고 미꾸리나 가재를 잡는 아이들에게는 천국과 같은 곳이었습니다.

때죽나무

때죽나무 꽃은, 늘 바닥이 떨어진 꽃으로 하얗게 물들고 나서야 알아보게 됩니다. 위를 올려다보면 가지 가득 하얀 꽃송이들이 달려 있습니다.

봄을 부르는 삼림 지표면의 꽃들

초봄의 잠깐 동안 꽃을 피우는 들풀이나
나무들이 신록으로 변하기 전에 피는 작은 들풀 등
지표면의 꽃은 시시각각 변합니다.

남바람꽃

꿩의 바람꽃

은대난초

꽃받이

그늘보리뺑이

여름

태양과 녹음의 반짝거림
싱그러운 여름의 들풀들

초여름의 삼림은 다채로운 녹음으로 넘치고 반짝반짝 빛이 납니다.
새소리도 많이 들려오는데요, 제가 알아듣는 건 까마귀와 박새 소리 정도라 아쉽습니다.... (2015.6.2)

자금우(천냥금)

자금우는 작은 나무인데요, 가을에 붉은 열매가 맺히는 건 본 적이 있지만 여름에 피는 작은 꽃을 본 적이 없었습니다. 마침 경사면에 피어 있어서 옆에서 보고 그릴 수 있었습니다만, 경사면이라 자꾸 미끄러져서 곤혹스러웠던 기억이 납니다.

자금우 열매

풀숲에서 풍기는 열기 속에서 이 꽃을 발견하면 '여름이구나-!' 하는 생각이 절로 듭니다. 보다이기(菩提樹) 논의 논두렁에서 홑왕원추리가 햇볕을 받고 있었습니다. (2016.6.27)

애기앉은부채의 잎

애기앉은부채

어슴푸레한 삼림 아래 피는 애기앉은부채는, 3월에 나온 잎이 자라 떨어진 다음인 6월 말경, 앉은부채의 미니어처 같은 꽃을 피웁니다. 눈을 부릅뜨고 찾지 않으면 만날 수 없는, 작고 수수한 꽃입니다.

마두령

쭉 보고 싶었던 꽃이었습니다. 피어있는 위치를 전해 듣고 아침 바람이 선선할 때 그리고 싶어서 일찍 나섰는데, 8월의 태양은 뜨거워서 그리기 시작할 때부터 이미 땀범벅이었습니다.
꽃의 형태가 재미있어서 넋을 잃고 보고 있었는데요, 소문으로 듣던 대로 곳곳에 사향제비나비의 애벌레가 있었습니다.

여뀌바늘

사야마 구릉에는 몇 군데 작은 습지가 있고 논이 있습니다. 대부분의 논이 옛날부터 해왔던 방식으로 만들어져 있어서, 옛날부터 있어온 논의 잡초를 볼 수 있는 귀중한 곳입니다. 제가 참 좋아하는 곳이에요.

알방동사니

알방동사니는 종류가 다양하고 형태가 재미있어서 좋아하는데요, 그 이름을 외우는 게 만만치 않아요!

가을

깊어지는 가을과 함께
붉은 빛과 노란 빛으로 물드는 삼림

보다이기 논은 벼 베기가 절반쯤 진행돼있었고, 아직 베지 않은 이삭이 고개를 숙이고 있었습니다.
둑에는 고마리, 쥐깨풀, 닭의장풀 등등이 피어있었고, 쭉 뻗어있는 왕고들빼기가 연노랑 색 꽃을 가득 달고 푸른 하늘 아래 빛나고 있었습니다. (2017.9.29)

고야보키(高野箒)

고야보키는 보통 삼림 곳곳에 툭툭 피어있기에, 이 군생을 발견했을 때는 깜짝 놀랐습니다! 마치 고야보키의 꽃다발 같았어요.

삼림에서 나와 환한 사야마 호숫가에서 한 숨 쉬고 있는데, 눈앞에 있는 풀들이 너무 예뻐 그려보았습니다.
이곳 버드쟁이나물은는 한 번 베였다가 자라서 꽃을 피웠는지, 조금 특이한 모습이었습니다. (2015.10.14)

토코로마

울타리 곳곳에 얽혀있는 걸 볼 수 있습니다.
토코로자와의 '토코로'라는 이름에는 이 풀과
관련이 있다는 얘기를 들은 적이 있습니다.

수리취(좌), 참취(우)

가을 삼림은 거미집이 가득합니다. 주운 가지를 휘저어가며 걷지 않으면, 지독한 꼴을 겪습니다. 그리고 각다귀 무리의 습격도 받고요.
그러던 중에 수리취와 참취를 만났습니다.

까마귀머루

까마귀머루에 열매가 열린 걸 처음 보았습니다.
좀 더 많이 열렸으면 먹어봤겠지만, 새들을 위한 진미일 것 같아 그만두었습니다.

발밑에서 찾은 작은 가을

가을장마 무렵, 낙엽과 가지들이 떨어져 있는 지면에서
다양한 종류의 버섯을 발견하였습니다.
삼림 산책이 한층 더 즐거워지는 계절입니다.

버섯은 1년 내내 있지만, 계절을 느끼게 해주는 맛이 있어서 가을에 보는 버섯을 좋아합니다. 다양한 종류가 있어서 이름은 전혀 알 수 없지만, 매일 조금씩 모양이 달라지므로 어제 오늘 사이에 달라진 모습을 볼 수 있어 재미있어요.

겨울

저물어가는 계절
그리고 낙엽으로 덮이는 숲

나뭇잎은 종류에 따라 가을이 되면 물들고 바로 떨어지는 것도 있지만 느티나무, 졸참나무, 상수리나무 등은 단풍이 든 다음에 바로 지지 않고 꽤 오랫동안 겨울 빛을 받아 금색으로 빛난 다음에 집니다. 굉장히 아름다워요.
(2015.12.16)

상수리나무

졸참나무

낙엽

도토리는 나무 아래 떨어지지만, 작은 상수리나무 열매는 가지에 달려 있다가 나뭇잎과 함께 바람에 날려 흩어진다고 합니다.

팽나무

느티나무

졸참나무의 밑동

이 졸참나무는 새로이 가지를 자라게 만들기 위해 잘렸습니다. 나무를 회춘시키기 위한 관리 방법으로, 옛날부터 내려온 방식이라고 합니다. 내년이 기대됩니다~.

대팻집나무

나무들이 잎을 떨궈서 숲이 넓게 느껴질 때, 마지막까지 가지에 잎을 단 채 황금색으로 빛났던 대팻집나무. 정말 굉장했고 아름다웠어요!

동네 초등학교 선생님 O씨가 아이들과 함께 잡목림에 대해 가르쳤던 들판. 아이들이 1년 내 찾아오고, 마지막 날에 〈고맙습니다〉 노래를 불렀던 들판입니다.
그때를 생각하면 지금도 가슴이 벅차오릅니다. 추위에 떨면서 그렸던 기억이 나네요. (2016.11.30)

섬개벚나무

회잎나무

팽나무

목련

겨울눈

눈이 그친 아침, 숲으로 산책을 나와 눈 위에 떨어진 가지를 주웠습니다.
벌써 봄 준비를 마친 상태였고, 섬개벚나무의 붉은 겨울눈이 매력적이었습니다.

해장죽

관리의 손길이 닿지 않은 잡목림을 보면 대부분 해장죽으로 점철되어, 지면까지 볕이 닿지 않아 봄의 풀꽃들이 성장할 수 없게 됩니다. 그래서 해장죽은 숲에서 제해집니다.

별꽃

대표적인 봄나물 중 하나입니다. 어디에서든 발견할 수 있는데, 먹는 나물로 인식해서 보는 경우는 드문 것 같습니다.

미나리

이것도 대표적 봄나물입니다. 습한 곳에서 자라기 때문에 물이 흐르는 곳이나 논 근처에 가야 볼 수 있습니다.

고사리삼

시든 금난초

봄이 되면 황금색 꽃을 피우는 금난초. 봄에는 그 여리여리한 꽃에 눈을 뗄 수 없지만, 겨울의 시든 모습도 숲의 볼거리 중 하나입니다. 저도 모르게 연필을 손에 쥐고 스케치를 했습니다.

겨울을 앞둔 숲은 그 해 마지막 찬란함을 보여줍니다.
이 아름다운 숲도 자원봉사자 분들의 노력 덕분에 유지되고 있습니다. 이듬해 봄, 이 풀꽃들과 다시 만날 것을 기대하고 있습니다. (2015.12.7)

하치코쿠 산

토토로의 흔적을 찾아
스튜디오 지브리의 스즈키 토시오
프로듀서가 찾은 하치코쿠 산.

안내자 스즈키 토시오　촬영 이이 타츠오

부드럽게 경사진 사야마 구릉 동단에 있는 하치코쿠 산.
커다란 졸참나무와 상수리나무 등이 얽혀있는 잡목림은 토토로가 살던 숲의 풍경을 떠오르게 합니다.
능선을 따라 가다가 곁길로 들어서면, 바람이 시원한 조용한 광장이나 연못 등도 있어,
산의 다양한 표정을 만날 수 있는 것도 매력 중의 하나입니다.
에도시대의 지형이나 길 등도 남아있어, 당시의 모습을 현재까지 전해줍니다.

이 땅을 몇 번이나 밟아온 미야 씨가 안내해준 건 마치 '신의 거처'와 같은 장소였다

미야 씨가 안내해준 '토토로가 태어난 곳' 중에서도, 하치코쿠 산은 각별한 장소였다.

하치코쿠 산은 사야마 구릉의 동단에 위치해 있으며, 북쪽으로 토코로자와에 접하는 동서로 긴 녹지다. 입구는 사방팔방에 있는 것 같았지만, 미야 씨는 망설임 없이 마츠가오카로 안내했다. 차를 타고 구릉을 올랐다. 길 양쪽으로 주택지가 보인다. 언뜻 보기에도 고급 주택지다. 꼭대기에 도착해 주차를 했다. 그러나 주차장은 아니다.

차에서 내려 숲으로 조금만 들어갔는데, 풍경이 펼쳐졌다. 나무가 벌채되어 그루터기가 많은 곳이라 그 일대를 내려다볼 수 있었다. 나무를 자르면 죽어 썩는 줄 알았는데, 이곳에서는 껍질이 벗겨져 떨어지기는커녕, 새로 돋아 잘린 단면을 메우려 하고 있었다. 나중에, 미야 씨 부인인 아케미 씨(미야자키 아케미)가 가르쳐주었다.

"이렇게 하면, 숲이 죽지 않아."

미야 씨가 오른쪽 능선을 따라 가자고 했다. 바로 상수리나무와 졸참나무로 이루어진 숲이 전체를 덮어, 하늘이 보이지 않게 됐다. 그리고 들새들 울음소리가 들려왔다. 계속 미야 씨 뒤를 따라 걷는데, 곁길이 무척 많았음에도 망설임 없이 길을 골라 나아간다. 상상이 됐다. 미야 씨가 홀로 묵묵히 걷는 모습이. 숲을 빠져나오자 이번에는 눈 아래에 풍경이 펼쳐졌다. 커다란 들판이었다. 그 광장을 내려다보며 나는 할 말을 잃었다. 이곳은 대체 어디일까.

새들의 지저귐은 물론이고 소리가 없다. 평일이어서 그랬는지 사람도 없다. 마치 '신의 거처' 같다고 쓴 이유는 이 때문이다. 미야 씨가 이곳으로 안내해준 날은 장마 중에 잠깐 날이 갰을 때였다.

9월 너머 나는 하치코쿠 산을 두 번째로 다시 찾았다. 이곳을 기억 속에 각인하고 싶어서였다. 그리고 세 번째로 찾은 날, 도쿄는 아침부터 하늘이 흐렸다. 이런 날씨에 가도 괜찮을까 걱정되었으나 '가자!'고 결심했다. 하치코쿠 산에 도착하자마자 바로 '신의 거처'를 찾았다. 그리고 다시 경악했다. 분명 하늘이 흐린데도 들판의 녹음은 아름다웠다. 그리고 녹음이 부드러웠다. 사람 눈을 정화시키는 초록빛이었다.

하치코쿠 산을 찾은 중에 가장 녹음이 아름다웠다. 다음 날 아침 미야 씨에게 그렇게 말하자, 이렇게 가르쳐주었다.

"맑은 날은 태양빛 때문에 콘트라스트가 강해. 흐린 편이 다양한 녹음을 볼 수 있어 아름답지."

같은 장소를 몇 번이나 찾아 익숙한 미야 씨이기에 가능한 해설이었다.

숲을 이루는 나무들은 상수리나무나 졸참나무가 다가 아니다. 정말로 아름다운데, 내가 그 이름을 모르는 나무들이 그야말로 산처럼 있다. 잡초를 포함하면 그 수는 셀 수 없다. 아케미 씨는 그 대부분의 이름을 알고 있다.

지금부터라도 늦지 않았다. 나로서도 조금은 나무와 풀의 이름을 배우고 싶다.

💬 이 길을 통해 산책 시작.

커진 나무를 베어내어, 그루터기에서 나오는 새싹을 자라게 하고 있다(움갈이). 숲을 유지하려면 사람의 손길이 필요함을 실감한다.

마츠가오카에서 능선을 따라 들어가면 바로 보이는 장군총. 닛타 요시사다가 가마쿠라를 공격할 때 진을 두었다고 한다. 이 근방은 움갈이[30]를 통해 회춘한 나무들을 많이 볼 수 있었다.

💬 부드러운 빛에 휩싸인 숲의 녹음이 뭐라 할 수 없이 환상적이야.

길을 벗어나 곁길로 내려가면, 커다란 나무 너머로 한층 빛나는 공간이 펼쳐져 있다.

💬 토사가 흘러내려 뿌리가 고스란히 드러나 있군.

💬 이곳이 신의 거처야.

울창하게 자란 녹음에 에워싸여 엄청난 생명력에 압도되는 한편, 시간이 멈춘 것 같은 정적에 휩싸인다.

눈을 정화시키는 초록빛이야.

들판 바로 옆에 있는 신야마노테 병원은, 사츠키와 메이의 엄마가 입원했던 병원의 모델이다. 원래는 1939년 개설된 결핵요양소였다고 한다.

하치코쿠 산의 청량한 공기나 환경이 요양에 도움이 되겠지.

전날 태풍의 영향으로 도토리가 많이 떨어져 있었다. 초록색 도토리는 보기 드문데.

토토로가 흘리고 간 것 같네.

※사진 속 건물은 병원 병설 노인 보건시설 '호세이(保生)의 숲'입니다.

토코로자와의 풍경 속에서 태어난 토토로의 세계

미야자키 하야오

1960년대 후반, 가족과 함께 토코로자와에 이사를 온 미야자키 감독.
이곳을 걸으며 그린 이미지보드에는,
갓 태어난 토토로의 세계가 생생하게 표현되어 있습니다.
이미지의 근간이 된 토코로자와에 대한 현재의 마음을 담았습니다.

무사시노의 농촌 풍경이 붕괴되는 가운데, 내던지듯이 자신도 그 안에 들어갔다

―〈이웃집 토토로〉의 무대가 된 토코로자와인데요. 감독님께서는 처음 토코로자와에 왔을 때 어떤 인상을 받으셨는지요.

미야자키　정확히는, 토코로자와를 본 것만으로 영화를 만든 건 아닙니다. 제가 1950년 무렵부터 살았던 스기나미(杉並)는 시골 풍경이 남아있어서, 피난 갔던 우츠노미야(宇都宮)에서 왔을 때에는 '정말 시골이다.' 하고 놀랐을 정도. 도쿄라고 하면 빌딩이 즐비한 풍경만을 상상했는데, 아직도 억새지붕이 남아있기도 했고. 도쿄라고 해도 그런 곳에서 자랐기 때문에, 녹음이 있는 풍경이라는 걸 특히 그립게 생각하지 않고, 당연한 것이라 생각했습니다.

토코로자와에 살기 시작했을 때에는 맞벌이였고 아직 내 집 마련을 하지 못한 때라 세를 얻어서 살았습니다. 그런데 괜찮은 집이 별로 없어서, 땅을 구입해서 내 집을 짓자는 얘기가 나오게 됐지요. 처음에 땅을 알아본 건 네리마(練馬)의 오이즈미가쿠엔(大泉学園)이었습니다. 직장이었던 도에이 동화가 그곳에 있었거든요. 그런데 그 근방은 살 수가 없었습니다.

―땅값이 비쌌나요?

미야자키　네. 그래서 점점 서쪽으로 갔습니다(웃음). 가족이 있는 직장인들이 서쪽으로 가다보니, 그보다 더 서쪽으로 가야 했지요. 기요세(清瀬)라는, 도쿄에서 처음 결핵요양소가 생긴 곳이 마음에 들었는데, 비싸서 안 됐죠. 그래서 그 근처에 급행이 서지 않는 아키츠라는 곳이 있다고 해서, 거기 가봤습니다. 지금 살고 있는 곳에 오게 된 건, 우연히 소개해준 사람이 있었기 때문이고, 경제적 사정이었어요(웃음).

그리고 그곳에 펼쳐진 풍경은, 제게 딱히 진기한 풍경이 아니었어요. 마구잡이로 개발이 이루어지고 있었고, 밭이 방치되고 있었고, 길도 없는데 집이 세워지는, 엉망진창 난개발이 이루어지고 있었거든요. 강은 시궁창처럼 되어 있었죠.

50년가량 전의 얘기입니다. 무사시노의 농촌 풍경이 붕괴되는 가운데, 저를 내던지듯이 스스로 들어간 거죠(웃음).

―개발이 한창일 때였군요.

미야자키　네. 그래서 주변을 돌아다녀도 딱히 감동할 것이 없었습니다. 야나세 강(柳瀬川)은 더럽고 길은 질척하고 우리가 자갈을 깔아야 했죠. 자갈을 깔아도 금세 질척해졌습니다…. 그렇기에 좋아할 일도 없었고, 그냥 가난하니 어쩔 수 없다. 어쩔 수 없으니 그냥 산다는 느낌이었습니다.

—그다지 좋은 인상이 아니었나 보군요.

미야자키 땅 끝까지 왔다는 느낌이었어요(웃음). 그랬는데 더 끝이 있었고, 그 뒤에 결혼한 친구들은 더 서쪽으로 갔지요. 그랬던 시절의 얘기입니다.

식물군, 곤충들, 어린 시절에 놀았던 강. 그런 일본의 풍경을 영화로 만들고 싶다고 생각했다

—자연이나 식물에 눈을 돌리는 계기는 뭘까요?

미야자키 산의 목장을 무대로 한 〈알프스 소녀 하이디〉라는 작품을 만들고 있을 때, 화면을 구성하면서 그곳에 나 있는 식물이나 목초지를 그리기 위해 현장을 찾아갔었습니다. 거기서 '일본의 녹음이 더 좋다'는 걸 실감하고 돌아왔어요(웃음). 녹음은 많습니다. 산장의 목장이나, 커다란 나무나, 건너편의 산이 있지만, 전 일본의 풍경이 훨씬 풍부하다고 생각했습니다. 식물의 종류가 압도적으로 많고, 곤충도 많고요.

그 무렵부터였습니다. 전부터 일본을 무대로 한 영화를 만들어야한다는 생각이 머리 한 구석에 있었는데, 실제로 무얼 좋아했느냐면, 식물이 군생을 이루고 있는 곳이라거나, 많은 곤충이 있는 곳이라거나, 뽑아도 뽑아도 나는 잡초라든가, 그런 곳에 흐르는, 옛날에 놀았던 깨끗한 강이라든가, 그런 걸로 구성된 풍경임을 알게 된 것이죠. 그래서 제 안에는, 일본이라는 나라는 여전히 싫어하지만, 그 싫은 마음과 일본의 풍토나 자연의 존재방식에 대한 애정 같은 것이 굉장히 극과 극에 있었어요. 원래의 일본은 정말로 아름다운 곳임을 재인식하게 된 것이죠.

—일본의 풍경을 어떻게 도입해서 무대를 완성해 가셨는지요.

미야자키 무대로 삼기 위해서, 이번에는 의식적으로 (풍경을) 다시 잡자는 생각을 했습니다. 당시 직장(현재의 니혼 애니메이션)은 다마(多摩)에 있었는데, 그곳에 다마 구릉의 농촌지대의 잔재가 있어서, 일을 하면서 굉장히 많이 보러 다녔습니다. 뉴타운을 만들기 위한 갱지였던 일대도 있었기도 했고, 신기한 풍경이 있었거든요. 그러고 나서 토코로자와에서도 걸어 다니다가 점차 재미있는 것을 발견하게 되고, 그럴 때는 머릿속에서 거기 세워진 신축건물 등을 지웠습니다(웃음). 그러자 점점 형태가 완성되어 갔습니다. 예를 들어 사츠키와 메이가 살고 있는 집은, 간다 강(神田川) 근처에 살며 장미만 키우고 있는 친구 집입니다. 장미는 필요 없으니까 그 분위기만. 강변에 있고 조금 높은 곳에 있는, 그런 분위기. 선로의 둑을 건너편에 만들어버리자. 선로는 없지만. 기차도 지나지 않고. 그런 식으로 무대를 만들어갔습니다. 그리고 커다란 나무가 봉긋하게 솟아 있는 곳이 곳곳에 있었으니, 집 옆에 커다란 나무를 심고, 녹나무라고 억지로 해버렸는데요. 그렇게 큰 녹나무는 매우 보기 드물죠. 다 알고 있지만 거짓이라도 밀어붙이자며(웃음).

칸타의 집은 실제로 똑같은 집이 있었습니다. 그래서 영화를 제작할 때 그곳에 미술 담당자인 오가 씨(오가 카즈오)와 함께 보러 갔는데, 주변이 싹 호안공사가 이루어져서 풍경이 달라져 버렸죠. 그래서 실망했는데, 오가 씨가 "아니, 어떤 느낌인지 알겠습니다."라고 말해주더군요(웃음). 그런 식으로 이미지를 모아

"스기나미에 있을 때는 낚시를 하러 가거나, 물가를 산책하곤 했습니다. 간다 강 유역에 이런 저수지 같은 게 있었거든요."
(미야자키)

그것을 재구성해갔습니다. 무대를 만들어가는 건 여기와 여기라며.

　(이미지보드를) 처음 그린 건 아마 30대 무렵일 거예요. 프로듀서들에게 기획을 제출했는데 전부 다 반려가 돼서, 그대로 스케치북을 책장에 꽂아두고 가만히 기회를 기다렸습니다. 당시 직접 레이아웃 같은 새로운 작업을 하고 있었는데, 이대로 평생 레이아웃을 하는 건 싫다고 생각해, 어디든 내 돈이 들든 좋으니까 '이게 내가 만들고 싶었던 것이다'라고 말할 수 있는 작품을 한 편 만들고 싶다고 생각했고, 그렇게 간직했던 것이 이 기획이었습니다. 좋은 기획이었는지 보다는, 스스로가 해보고 싶다고 생각했던 작품이 우연히 〈토토로〉였다는 것이 제게는 큰 행운이었죠. 그래서 쉽게 소모하지 않았습니다. 다른 기획에 절반쯤 섞는다거나 하지 않고, 잘 간직해두었죠.

영화의 디테일을 만들어낸 건, 토코로자와의 신비로운 풍경

—특히 토코로자와의 풍경이 농도 짙게 나오는 장면이 있나요?

미야자키　실제로 영화를 만들면서, 마을에 난 길이라든지 부처님 석상 같은 디테일이 만들어진 건, 토코로자와에 살면서부터입니다. 이 길을 그대로 써야겠다 싶어, 평소 자주 다니는 길을 그대로 그렸기에 아내는 "이건 그 길이네."라고 바로 알더군요.

　옛날에는 신비로운 게 많았어요. 미타카(三鷹)에 있던 나카지마 항공기가, 완성된 비행기를 토코로자와의 육군 비행장에 소로 운반했어요. 날개를 빼고 말이죠. 토코로자와의 길을 지나가는데, 옛날 길이니까 좁고 구불구불 휘어 있어서 엄청난 일이었죠. 불편하니까 도로를 똑바로 정비하고 폭을 넓히고 포장한 부분이 있는데요, 그렇게 딱 선로 앞까지 갔는데 전쟁이 끝나, 그 이후에는 만들지 않거든요. 그래서 선로가 없어요. 그게 정말로 신기한 길이었어요. 느티나무가 길 양쪽으로 쭉 자라고, 넓은 포장도로인데 거의 아무것도 지나지 않는 거예요. 그게 고양이 버스가 오는 길이 되었습니다. 포장도로는 머릿속에서 벗겨내 버렸습니다. 지금은 그 흔적도 없지만요.

—하치코쿠 산에는 자주 가셨나요?

미야자키　하치코쿠 산을 걷다 보면 알겠지만, 지금은 없어졌지만, 능선 길에 소나무가 즐비해 있었습니다. 그 소나무와 소나무 사이가 걷기 힘든 길이었고, 주위는 풀이 무성히 자랐고, 살무사가 나온다는 얘기가 있는 길이었어요. 그런데 환해서, 신기한 풍경이었어요. 지금과는 전혀 다릅니다.

　처음 갔을 때에는 호세이엔(지금의 신야마노테 병원)을 보면서, 당시 결핵환자가 줄어들었던 시점이기에 안 쓰는 병원이라고 멋대로 생각했었는데, 빨래 같은 것이 보여서 '사람이 있네.' 하고 놀랐던 기억이 납니다. 그때도 장기요양환자가 많았던 거죠.

　저의 어머니도 결핵을 앓으셨고 오래 입원하셨거든요. 병원 장면은 당시 문병을 갔을 때의 기분이나 기억에서, 병실이란 건 이랬었다는 상상으로 그려냈습니다. 호세이엔 사람들 사이에서는 (미야자키 감독이) 촬영지 답사를 와서 사진을 찍었다는 소문이 난 것 같지만요(웃음).

고양이 버스가 다니는 길은, 느티나무로 덮인 좁고 구불구불한 신비한 언덕길.

버스정거장에서 아빠를 기다리는데, 정체를 알 수 없는 것이 옆에 섰다. 보고 싶지만 볼 수 없음을, 여자아이의 표정이 말해준다.

―하치코쿠 산이 지금과 전혀 달랐다는 점에는 좀 놀랐습니다.

미야자키　그런 거죠. 나무는 훌쩍 자라니까요.

―신의 산은 어떤 인상이었나요?

미야자키　처음 갔을 때에는, 주변이 나무로 에워 싸여있는 움푹하고 넓은 밭이었습니다. 차밭이나 고구마밭 같은. 정말로 신비로운 공간이고 기분이 좋은 곳이었어요. 건너편에 빌딩이 하나 있었고, 마루이 같은 간판이 보여서, '아, 여긴 토코로자와의 이면이구나'라고 생각했습니다. 어디선가 개발이 될 줄 알았는데, 개발되지 않고 남아있던 풍경입니다. 무사시노는 주위보다 높은 평지여서 화산재가 쌓인 곳에 강이 흐르면, 강이 구불구불하게 되거든요. 능선 양쪽에 남는 벼랑을 '하케'라고 합니다. 물이 생기고 강이 흐르고 밭이 생기는, 그런 지형이 곳곳에 있었지요. 당시 아이들은 '하게(대머리) 산'이라고 불렀는데요, '하케 산'이었던 거죠.

토토로는 붙임성 있는 캐릭터가 아니다. 아무것도 생각하지 않는 것 같은, 거대한 존재를 그리고 싶었다

―토토로라는 생명체의 이미지도 토코로자와의 풍경 속에서 태어난 건가요?

미야자키　그 버스정거장을 보고나서부터입니다. 버스정거장에서 우산을 들고 아빠를 기다리지만, 아빠가 오지 않는 그 장면. 저도 우산을 들고 역에서 아버지를 기다려본 경험이 있었어요. 생각해보면 우산 정도는 사서 들면 되는데 말이죠(웃음). 그냥 아버지를 기다리고 싶었던 거겠죠. 그걸 버스정거장으로 바꾸고, 아버지를 기다리는데 건너편에서 정체를 알 수 없는 뭔가가 오는 걸 처음에 생각했었습니다. 그런데 그게 옆에 서는 거예요. 흘끔 보면 털이 나 있고 엄청난 손톱이 있어요. 떨면서 옆을 보니, 이상한 게 서 있는 거죠. 그 이상한 게 무엇일까, 그래서 그린 게 이것입니다. 처음부터 토토로의 그림이 있었던 게 아니라, 옆에 온 거였어요.

　하지만 중요한 건, 토토로가 멍청한가 영리한가를 묻는다면, 엄청 거대한 바보라는 것. 무슨 생각을 하고 있을까? 혹은 정말로 생각이란 걸 할까? 아무 생각도 안 하는 게 아닐까? 뭐 그런 캐릭터를 만들어야 한다고 생각했습니다. 바로 붙임성 있게 다가오고, 눈을 두리번거리며 살피는 그런 캐릭터가 아니라요.

―의사를 파악할 수 없는 두루뭉술한 존재일까요?

미야자키　의사라는 단어조차 어울리지 않아요. 대우(大愚)라는 걸―일본인이 좋아한다고, 시바 료타로 씨가 그랬었죠. 정말로 영리하면 이시다 미츠나리처럼 존경받지 않는다고(웃음). 사이고 씨(사이고 타카모리) 같은, 머리도 엄청 좋지만, 존재하는 것만으로 사이고 씨가 있다고 느껴지는 존재면 좋겠지요.

―토토로의 초기 제목은 〈토코로자와에 있는 이웃 귀신〉이었지요?

미야자키 〈이웃 귀신〉이라는 이야기를 파쿠 씨(타카하타 이사오)에게 들려주자, 파쿠 씨가 '재미있다'고 한 걸 기억합니다.

―문득 옆으로 다가와서 〈이웃 귀신〉인가요?

미야자키 옆으로 다가와서가 아니라, 이웃 산에 있다는 뜻입니다. 쓰레기를 줍기 위해서라든지 다양한 이유로 숲을 드나들게 됐는데요, '누가 있는 듯한 느낌'을 알았거든요. 그 숲의 기척을 말이지요. 작은 숲이지만 뭔가 있습니다. 오늘은 모른 척 하고 있네, 라고 느끼기도 하고요. 온갖 곳에 기척이란 게 있지 않습니까?

―날마다 다른가요?

미야자키 오지 말라고 하는 걸 느낄 때도 있었어요.

―정말이요?! 저는 대체로 환영받는 듯한 느낌을 받는데요.

미야자키 행복한 사람이이군요(웃음).
언젠가 상을 마주하고 같이 밥을 먹는다는 둥, 결코 그렇게는 되지 않는 존재. 무슨 생각을 하는지 알 수 없지만, 뭔가 엄청 큰 것을 갖고 있는 거대한 존재. 하지만 장난을 걸어온다거나, 손님으로 초대받거나 하는 그런 관계성은 아닙니다. 그런 존재로서의 귀신이 어떤 모습을 하고 있는지에 대한 감을 잡지 못했지만 파쿠 씨에게 그런 얘기를 했었습니다.

―그것이 토토로군요.

미야자키 맞습니다. 형태를 주어야 했는데, 이것도 아닌 것 같고, 저것도 아닌 것 같고. 단서는 처음 보인 손톱. 손톱이 작으면 안 되니까 두터운 손톱을 그렸더니 곰이 되어버렸고, 곰이어서는 안 되고…. 그러다가 이렇게 되었습니다.
〈팬더와 친구들의 모험〉이라는, 〈이웃집 토토로〉 전에 타카하타 감독과 만든 작품이 있습니다. 그때 팬더가 뭐냐면, 아무것도 안 해도 되는 거죠. 우뚝 서 있는 것만으로, 아무것도 하지 않고 씩 웃는 것만으로. 그것만으로 아이들이 반응해주었어요. 주의를 끄는 행동을 안 해도 "대나무 숲이 좋아"라고 말하는 것만으로 아이들은 반응해줍니다.
우리 꼬맹이(아들)도 일일이 반응하면서 저희 부부 얼굴을 보더군요. "영화가 안 끝났으니까 똑바로 앞을 봐"라고 말해도요(웃음). 왠지는 모르겠지만 '이건 엄청난 발견을 했는지도 모른다'고 생각했습니다.
대우(大愚)였어요. 알기 쉬운 형태로 표현하고 있는 건 아니지만, 거대한 존재고, 그렇다고 악의가 있는 건 아니다. 그런 걸 만들어야 한다는 느낌이었습니다.

―초기에 그린 이미지보드의 세계가, 역시 본래의 이미지에 가까운가요? 고양이 버스 안에 요괴 같은 생물도 있던데요(3페이지).

미야자키 그건 요괴라고 할까―정체를 모르는 것이 많이 있다고 생각하거든요. 그리고 무슨 생각을 하는 것처럼 얼굴을 그리면 안 된다고. 그 부분을 꽤 신경 썼는데, 점점 잡념이 밀려왔고.
캐릭터 굿즈를 만들고, 팔면 팔수록 잡념이…. 제가 의식하지 않았던 것까지 달라붙어, 어느새 다른 게 되어버리지요.

그래서 지금 미술관의 단편작품(〈메이와 고양이 버스〉)은 만들었지만, 〈이웃집 토토로〉 두 번째 작품을 만들게 되면, 정말로 어려울 거라 생각합니다.

—토토로가 캐릭터로 혼자 걷고 있는 듯한 느낌일까요.

미야자키　너무 붙임성이 있게 되버린 게 아닐까합니다. 그리고 제 자신이 달라졌기에, 좀 더 다른 걸 만들어야 하는 때인 것 같습니다. 이런 풍경을 그리지는 못할 것 같아요. 그러니 이 한 작품으로 충분합니다.

제일 중요한 건,
아마도 잡목림을 지켜본다는 것

—마지막으로 지금 있는 자연을 미래에 남기기 위해, 무엇이 필요하다고 생각하시는지요.

미야자키　즉, 잡목림을 보전한다거나—작은 잡목림이지만 아무튼 매일 그곳을 지나는 겁니다. 빙 돌아서 쓰레기가 떨어져 있지는 않은지, 거기서 이 느티나무는 잘라야만 하는 걸까라든지. 그리고 쓰다듬어주는 거죠. 자르고 싶어 하는 사람이 많이 있거든요. 저는 기본적으로 자르지 않는 사람이라 "나이가 많다고 잘라도 되는 건가."라고 말하게 됩니다. 그러면 "나부터 잘라라." 하는 끝이 나지 않는 얘기가 됩니다. 이건 자연보호라든가 경관보호 같은 문제 중에서도 굉장히 어려운 문제입니다. 즉, 구니키타 돗보가 걸었던 시절의 잡목림은 농업림이었어요. 그것과 똑같은 형태를 유지한다는 건 이제 모순인 거죠.

—생활을 위해 사용했던 이차림(二次林)이니까요.

미야자키　맞습니다. 그래서 경제림으로서 유지할 수 있을 리 없습니다. 하지만 이대로 있으면 이 잡목림도 엉망이 되고, 결국 어딘가에서 한꺼번에 무너지게 되겠지요. 그렇게 되면 그렇게 되는 거고, 또 뭔가가 자생적으로 생겨나면 되는 거라고 저는 생각하지만요. 결국 손을 대지 않으면 안 되는 숲이라는 건 확실하거든요. 하지만 가장 신경 써야 하는 건, 잡목림을 지켜봐주는 거라고 생각해요. 가위로 자른다거나 하는 게 아니라요.

—그야말로 자연의 힘으로 새로운 것으로 변화할까요.

미야자키　아뇨, 아뇨. 많은 일들이 벌어지겠지요. 쓰러지거나 말라죽거나. 하지만 말라죽으면 말라죽는 대로 버섯이 생기지요. 이건 그것으로 다채로움의 일종이라고 생각합니다.

울창한 녹나무. 이렇게 커다란 녹나무는 보기 드물다는 걸 알면서도, 무대의 이미지는 점점 확장되어갔다.

낮은 나무들 사이를 들여다보는
여자아이. 토토로가 흘끔 보고
있는 것 같은….

나무터널 사이에서 이쪽을 돌아보는 큰 토토로와 중간 토토로. 아무것도 생각하지 않는 것 같은, 그런 표정.

'휙 하고 바람이 불어, 두 마리 모두 사라져버렸다'고 적혀 있다. 크게 웅웅거리는 나무들 속에서, 바람에 흩날리는 나뭇잎이 환상적인 장면.

"간다 강 유역의 습지에서는, 바닥에 물고기가 반짝이며 헤엄치는 게 보였고, 낚시도 했었습니다. 어린 시절에는 흔히 볼 수 있었던 풍경입니다." (미야자키)

양옆에 벼랑이 있고 길 위에도 나뭇잎들이 자라있다. 꼭대기에 보이는 집이 인상적인, 이사 장면.

저녁에 분홍색으로 물드는 무사시노의 전원 풍경. 강이 흐르고, 푹 패이면서 '하케'가 생긴다. 그곳에 밭이 생긴다.

미래에 남기고 싶은 고향 풍경 ~사야마 구릉~

에도시대부터, 사람들과
함께 생활해온 사야마 구릉의 자연.
숲은 사람의 손길이 닿아야만
유지됩니다.

 사람의 손으로 지켜온 사야마의 자연

　각지에서 도시화가 진행되는 한편, 지자체에서 자연을 남기려는 녹음 보전이 한창인 사야마 구릉. 도쿄와 사이타마에 걸쳐 동서로 약 11km, 남북으로 약 4km 펼쳐져 있는 구릉지에는 1920~1930년대에 도쿄에 물을 공급하기 위한 저수지로서 다마호와 사야마호가 만들어졌습니다. 그 때문에 구릉의 자연이 손상됐지만, 호수 주변을 수자원 보호림으로 보호해왔기에, 현재는 자연과 인간이 얽히면서 만들어진 잡목림, 습지, 계곡 등 다양한 자연환경 속에서 수많은 동식물이 살아있습니다. '수도권에 남아있는 녹색 외딴섬'이라 불리며, 도시부 주변에 남겨진 귀중한 자연입니다.

　잡목림은 도시의 발전이나 생활, 농업형태의 변화에 의해, 50년전에 비해 굉장히 감소되어왔지만, 최근 들어서는 일본인의 생활과 자연의 관계가 구축해온 역사적 유산으로 그 존재를 재평가 받고 있습니다.

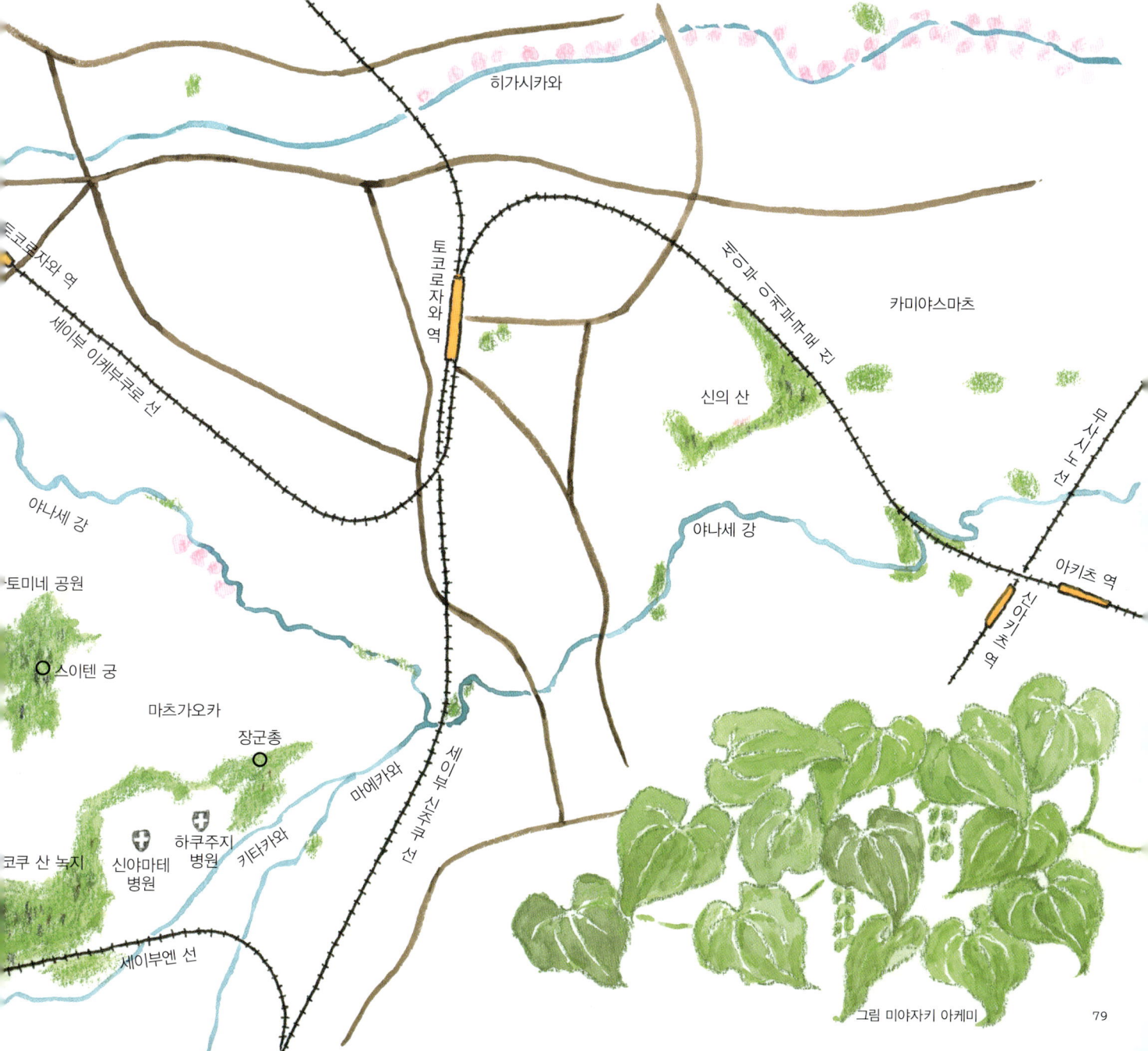

토토로가 태어난 곳

2019년 1월 15일 1판 1쇄 인쇄
2019년 1월 25일 1판 1쇄 발행

감수자 미야자키 하야오
편집 스튜디오 지브리
번역 한나리
발행인 정욱
편집인 황민호
편집장 석인수
책임편집 곽혜은
디자인 중앙아트그라픽스
발행처 대원씨아이

주소 서울특별시 용산구 한강로 3가 40-456
전화 02-2071-2000 **팩스** 02-793-6436
1992년 5월 11일 등록 제3-563호

ISBN 979-11-334-9914-4 03830

TOTORO NO UMARETA TOKORO
Supervised by Hayao Miyazaki, Edited by Studio Ghibli
Copyright © Studio Ghibli
© 2018 Akemi Miyazaki
Originally published 2018 by Iwanami Shoten, Publishers, Tokyo.
This Korean edition published 2018 by DAEWON C.I Inc., Seoul
by arrangement with Iwanami Shoten, Publishers, Tokyo

값 15,000원

- 이 작품은 저작권법에 의해 보호를 받으며 본사의 허가 없이 복제 및 스캔 등을 이용한 무단 전재 및 유포·공유의 행위를 할 경우 그에 상응하는 법적 제재를 받게 됨을 알려드립니다.
- 잘못 만들어진 책은 구입하신 곳에서 교환해 드립니다.
- 문의_ 영업 02-2071-2066 / 편집 02-2071-2155

미야자키 하야오

1941년생. 애니메이션 영화감독. 가쿠슈인 대학 정치경제학부 졸업. 1963년, 도에이 동화(현재의 도에이 애니메이션)에 입사했고, 그 후 즈이요 영상, 니혼 애니메이션 등을 거쳐, 1979년 〈루팡 3세 칼리오스트로의 성〉의 감독을, 1984년 〈바람 계곡의 나우시카〉의 원작·각본·감독을 담당.
1985년 스튜디오 지브리 설립에 참가. 주요 작품으로는 〈이웃집 토토로〉, 〈모노노케 히메〉, 〈센과 치히로의 행방불명〉 등. 저서로는 〈반환점〉, 〈토토로가 사는 집 증보개정판〉(모두 이와나미쇼텐), 〈책으로 가는 문—이와나미소년문고를 말하다〉(이와나미 신쇼) 등.

미야자키 아케미

"토코로자와에서 산 지 50년 가까이 됩니다. 만약 우리가 이곳에 살지 않았다면, 토토로와 친구가 되는 일도, 영화 〈이웃집 토토로〉가 만들어질 일도 없었겠지요. 토코로자와에서 살았기에, 숲과 풀꽃들을 알게 될 수 있었고, 논밭을 친근하게 바라볼 수 있었습니다. 그리고 이렇게 그리는 즐거움도 배우게 된 것 같습니다. 이 환경이 계속 이어지기를 바라고 있습니다."